AF221093

Gaslighting erkennen und abwehren

Wie Sie anhand 11 Anzeichen Gaslighting in der Partnerschaft und im Beruf leicht entlarven und in 5 Schritten der Manipulationsfalle entkommen

Anna-Lena Palek

INHALT

Das erwartet Sie in diesem Ratgeber

Haben Sie schon einmal die Erfahrung gemacht, von einer Person derartig manipuliert zu werden, dass in Ihnen das Gefühl aufkam, mit Ihrer Wahrnehmung stimme etwas nicht? Dass Sie schließlich begonnen haben, an Ihrer Auffassungsgabe, ja, sogar Ihrer geistigen Gesundheit zu zweifeln? Dass Sie anfingen, das Vertrauen in Ihre Sinne zu verlieren, weil Ihnen regelmäßig suggeriert wurde, Sie nähmen die Realität falsch wahr? Sie sind damit nicht allein: Dieses verbreitete Phänomen nennt sich *Gaslighting* und stellt eine subtile, doch schwerwiegende Form der psychischen Gewalt dar, die nachhaltige Auswirkungen auf das Selbstwertgefühl des Opfers haben kann.

"Das habe ich nie gesagt. Du bildest dir das nur ein."

"Das ist so nie passiert."

"Du reagierst über."

"Du bist verrückt. Du solltest dir Hilfe suchen."

Dies sind nur ein paar Beispiele für Sätze, die beim Gaslighting häufig Verwendung finden – wenn sie Ihnen bekannt vorkommen und Sie sich darüber hinaus nicht mehr sicher sind, ob Sie sich noch auf Ihre Wahrnehmung verlassen können, könnten Sie möglicherweise davon betroffen sein.

Gaslighting kann uns in verschiedenen Lebensbereichen widerfahren: in Freundschaften und Beziehungen, am Arbeitsplatz, in politischen und sektiererischen Strukturen – doch in jedem Falle zielt diese manipulative Technik darauf ab, das Opfer an seiner Wahrnehmung und seiner geistigen Gesundheit zweifeln zu lassen, um Kontrolle zu erlangen und Macht auszuüben. Doch es gibt Mittel und Wege, mit denen dieses destruktive Muster durchschaut und durchbrochen werden kann!

In diesem Ratgeber erfahren Sie nicht nur, was genau Gaslighting eigentlich ist und wie dieser Mechanismus funktioniert, sondern auch, wie Sie sich – und andere – aus der Manipulationsfalle befreien können und letztendlich gestärkt aus dieser Krise hervorgehen.

Wichtige Anmerkung zur Genderfrage: Der besseren Lesbarkeit halber wird in diesem Ratgeber zumeist auf das generische Maskulinum zurückgegriffen. Selbstverständlich sind jedoch in allen Fällen Zugehörige aller Geschlechter gleichermaßen angesprochen.

Was ist Gaslighting?

GASLIGHTING – WAS BEDEUTET DAS ÜBERHAUPT?

Immer wieder hört und liest man von diesem Begriff – Gaslighting. In Foren, Blogs, Zeitungsberichten und Ratgebern taucht er auf, im Kontext mit psychischer Gesundheit am Arbeitsplatz sowie in Verbindung mit Erziehungsmethoden, narzisstischen Persönlichkeitsstrukturen und toxischen Beziehungen. Doch was genau verbirgt sich eigentlich hinter diesem Wort? Und was hat es mit diesem Namen auf sich?

Der Begriff fußt auf dem Titel des Theaterstücks *Gas Light* des britischen Dramatikers Patrick Hamilton. Mit dem Erscheinen des Stücks im Jahre 1938 wurde dieses Phänomen erstmals thematisiert. Die Handlung dreht sich um ein Ehepaar, bei dem der Mann heimlich im gemeinsamen Haus nach den Juwelen einer verstorbenen Mieterin sucht. Während er bei seiner Suche im Obergeschoss des Hauses die Gaslampen entzündet, verdunkeln sich die Lampen im restlichen Haus, was er jedoch vehement bestreitet, als seine Frau ihn darauf anspricht. Mit der Zeit kann der Mann seine Frau mehr und mehr davon überzeugen, sie bilde sich das Flackern der Lichter nur ein, genauso wie die ungewohnten Geräusche, die zu ihr dringen, wenn er sich wieder auf dem Dachboden zu schaffen macht. Um seinen Lügen Halt zu geben, weitet er diese allmählich auf immer mehr Lebensbereiche aus und macht ihr schließlich sogar weis, ihre Mutter sei – ebenso wie sie – verrückt geworden und in einem Sanatorium verstorben.

Als im Jahre 1944 der auf dem Theaterstück *Gas Light* basierende Film *Das Haus der Lady Alquist* erschien und schnell Popularität erlangte, wurde das Thema schließlich allgemein bekannt. Doch leider beschränkt sich der Wirkungskreis des Phänomens, das den beiden genannten Dramen zugrunde liegt, nicht auf den fiktiven Raum der Drehbücher und Theaterskripte. Ob in Partnerschaften oder am Arbeitsplatz, immer wieder tritt diese besondere Form der Manipulation zutage, bei der dem Opfer vermittelt wird, mit seiner Wahrnehmung stimme etwas nicht. Auch politische Regimes oder Sekten können sich diese Praxis zunutze machen, um Kontrolle über das Denken ihrer Anhänger zu erlangen. In vielen Fällen von sexuellem Kindesmissbrauch wird Gaslighting eingesetzt, um Erinnerungen an das Erlebte zu trüben und emotionale Abhängigkeiten zu schaffen. Doch auch gesamtgesellschaftlich schlägt sich Gaslighting immer wieder auf einzelne Bevölkerungsgruppen oder Minderheiten nieder – so findet es sich auch in der Manifestation rassistischer und sexistischer Strukturen wieder.

Das Perfide an dieser manipulativen Taktik liegt darin, dass bei dem Opfer (*Gaslightee*) auf der Basis einer Vertrauensbeziehung über einen längeren Zeitraum hinweg regelmäßig Zweifel an der eigenen Wahrnehmungsfähigkeit gesät werden. Dieser Prozess wird sich in den meisten Fällen nachhaltig auf das Selbstwertgefühl der betroffenen Person auswirken und Schäden hinterlassen, mit deren Folgen das Opfer oft noch jahrelang zu kämpfen hat. Dabei ist sich der Täter (*Gaslighter*) allerdings nicht in jedem Falle über sein manipulatives Verhalten bewusst. Insbesondere bei bestimmten Krankheitsbildern wie beispielsweise

Narzissmus oder Soziopathie kann Gaslighting vermehrt auftreten, ohne dass sich die Gaslighter über die toxischen Auswirkungen Ihres Verhaltens im Klaren wären.

FOLGEN DES GASLIGHTINGS

Das Gaslighting wirkt wie ein schleichendes Gift, das langsam, aber sicher das Selbstbewusstsein der betroffenen Person angreift und zersetzt. Das Gefühl, sich auf die eigene Wahrnehmung nicht mehr verlassen zu können, erzeugt Verunsicherung, die sich nach und nach auf alle Lebensbereiche erstreckt. Da viele Gaslightees die Angst entwickeln, sie könnten verrückt geworden sein, ziehen sie sich aus ihrem Sozialleben zurück und versuchen, allein mit der Situation fertig zu werden.

Je weiter sich das Problem fortsetzt, umso drastischer werden die Folgen – Depressionen, Angstzustände, Paranoia und Gefühle der Entfremdung können auftreten. Wenn diese Muster nicht rechtzeitig erkannt und durchbrochen werden, können nachhaltige psychische Schäden entstehen – insbesondere Personen, die bereits in der Kindheit von Gaslighting betroffen waren, haben oft ihr ganzes Leben lang mit den schwerwiegenden Konsequenzen zu kämpfen und sind häufig auch als Erwachsene gefährdet, wieder in derartige Beziehungen zu geraten.

WIE FUNKTIONIERT DAS GASLIGHTING?

Eine Grundvoraussetzung für Gaslighting ist, dass zwischen Täter und Opfer ein Vertrauensverhältnis besteht. Denn nur auf dieser Basis ist es dem Gaslighter möglich, den Gaslightee durch seine gezielte Manipulation glauben zu lassen, er nehme die Realität verzerrt wahr und bilde sich Dinge ein. So schwindet beim Gaslightee allmählich das Vertrauen in die eigene Wahrnehmung und häufig spürt er einen immer stärker werdenden Druck, sich vor dem Gaslighter rechtfertigen zu müssen. Doch je mehr sich der Gaslightee zu verteidigen sucht, umso abhängiger wird er von der Reaktion des Gaslighters. Sämtliche Versuche, die Anerkennung des Gaslighters wiederzuerlangen, schlagen ins Gegenteil um. Ein Machtgefälle entsteht.

Ist dieser Mechanismus einmal in Gang gesetzt, lässt er sich nur schwer wieder durchbrechen. Der Gaslightee verspürt ein verstärktes Verlangen nach Sicherheit, die es in der Darstellung der Realität durch den Gaslighter sucht, was sich dieser wiederum zunutze machen kann, um weitere Zweifel zu säen. Je weniger der Gaslightee das Gefühl hat, sich auf die eigene Wahrnehmung verlassen zu können, umso stärker wird die Abhängigkeit von der Realitätsdarstellung des Gaslighters. Das schwindende Selbstwertgefühl des Gaslightees und die Angst, verrückt geworden zu sein, sorgen in vielen Fällen dafür, dass er sich von Sozialkontakten außerhalb der toxischen Gaslighting-Beziehung zurückzieht – ein Effekt mit fatalen Folgen, da ein Austausch mit Außenstehenden oder Freunden häufig dazu beitragen könnte, das Vertrauen auf die eigene Sicht wieder zu bestärken. Nicht selten allerdings gehen die Täter in Gaslighting-Beziehungen gar so weit, dass sie ihren Opfern einreden, das ganze Umfeld habe längst erkannt, dass es verrückt sei und spiele ihm nur aus Mitleid vor, dass mit ihm alles in Ordnung sei.

Zunehmend erlangt der Gaslighter Kontrolle über das Denken des Gaslightees, bis sich dieser im schlimmsten Falle irgendwann völlig außerstande sieht, eigenständig noch klare Gedanken zu fassen und schlussendlich gänzlich abhängig wird davon, dass der Gaslighter ihm ständig erklärt, was richtig und falsch ist.

EXKURS: DAS STOCKHOLM-SYNDROM

Das Stockholm-Syndrom beschreibt ein psychologisches Phänomen, bei dem Opfer (meist von Entführungen oder Geiselnahmen) ein positives Verhältnis zu ihrem Täter aufbauen – in manchen Fällen sich gar verlieben. Ähnlich wie beim Gaslighting sorgt der völlige Verlust jeglicher Sicherheit dafür, dass sich das Opfer vertrauensvoll in die Hände des Täters begibt, weil er in der neuen Situation den einzigen festen Bezugspunkt darstellt.

Der Begriff des Stockholm-Syndroms ist auf die Geiselnahme bei einem Banküberfall, der sich im Jahre 1973 in Stockholm ereignete, zurückzuführen. Vier der Angestellten wurden als Geiseln genommen. Medienberichten zufolge entwickelten die Geiseln in den folgenden fünf Tagen Solidarität mit ihren Entführern und zeigten im Zuge dessen gegenüber der Polizei zunehmend eine feindselige Haltung. Selbst nach Beendigung der Geiselnahme zeigten sie in Bezug auf die Geiselnehmer keinerlei negative Empfindungen, im Gegenteil: Sie waren ihnen sogar dankbar dafür, freigelassen worden zu sein. Zudem baten die Geiseln um Gnade für die Täter und besuchten sie sogar im

Gefängnis. Ähnlich wie beim Gaslighting beginnen die Opfer, sich mit den Tätern zu identifizieren und zu solidarisieren. Indem sie eine positive Bindung an die Täter aufbauen, entsteht ein Gefühl der Sicherheit. Würden sie sich eingestehen, was wirklich vorgeht, würde sich diese vermeintliche Sicherheit auflösen. Das beschriebene Phänomen stellt also, ebenso wie das Gaslighting einen Schutzmechanismus der Seele dar, mit dem versucht wird, das menschliche Grundbedürfnis nach Bindung und Sicherheit zu gewährleisten.

Das Stockholm-Syndrom unterscheidet sich vom Gaslighting allerdings insofern, als Ersteres vom Opfer ohne gezielte Einwirkung durch den Täter entwickelt werden kann, während das Gaslighting unbedingt eine bewusste oder unbewusste, in jedem Falle aber aktive Manipulation durch den Täter voraussetzt. Trotzdem gehen diese beiden Phänomene nicht selten Hand in Hand.

Woran erkenne ich Gaslighting?

11 ANZEICHEN FÜR GASLIGHTING

1. Sie entwickeln Selbstzweifel und fühlen sich zunehmend verunsichert.

2. Sie werden immer kritischer gegenüber sich selbst und haben das Gefühl, nichts mehr richtig machen zu können.

3. Die Meinung anderer Leute wird immer wichtiger für Sie. Sie geraten bei jeder Handlung, jeder Aussage ins Grübeln, wie Sie damit wohl ankommen werden und suchen zunehmend nach Anerkennung von außen.

4. Wenn etwas schiefläuft, suchen Sie sofort den Fehler bei sich.

5. Der Gaslighter schreibt Ihnen vor, was Sie zu denken und zu fühlen haben. Wenn Sie ihm widersprechen, behauptet er, Sie lägen falsch/reagieren über/seien zu empfindlich o. Ä.

6. Der Gaslighter scheint genau zu wissen, was Ihr Umfeld über Sie denkt ("Wir alle fragen uns, was mit dir los ist", "Wir alle sind uns einig, dass du übertreibst" o. Ä.)

7. In vielen Fällen ziehen Gaslighter auch Leute aus dem direkten Umfeld (Freundeskreis, Arbeitsumfeld ...) auf deren Seite.

8. Sie bekommen vom Gaslighter Worte in den Mund gelegt, die so nie von Ihnen kamen, oder er streitet Aussagen ab, an die Sie sich klar erinnern können. Dabei stellt er es so dar, als läge der Grund für diese Unstimmigkeit auf jeden Fall bei Ihnen und Ihrer vermeintlich verzerrten Wahrnehmung. Eventuell sind Sie sich am Ende selbst nicht mehr sicher, was nun tatsächlich gesagt wurde/geschehen ist und was Sie sich nur einbilden.

9. Sie fühlen sich vom Gaslighter unter Druck gesetzt. Dies kann durch Drohungen geschehen (z. B. "Wenn du nicht ..., dann muss ich ...") oder indem er Ihnen die kalte Schulter zeigt, sobald Sie sich nicht seiner Vorstellung entsprechend verhalten.

10. Wenn Sie ein Gefühl äußern, insbesondere ein negatives, gibt Ihnen der Gaslighter zu verstehen, Sie seien mit Ihrem Gefühl im Unrecht.

11. Sie beginnen, der Einschätzung anderer mehr Glauben zu schenken als Ihrem eigenen Gefühl.

IST EINE LÜGE SCHON GASLIGHTING?

Doch worin liegt der Unterschied zwischen einer "herkömmlichen" Lüge und Gaslighting? Wo ist die Trennlinie zwischen beidem? Oder liegt in jeder Unwahrheit schon eine Form der Manipulation, die sich als Gaslighting bezeichnen lassen könnte?

Mit Sicherheit ist es nicht in jeder Situation einfach, beides klar voneinander abzugrenzen und die Übergänge können mitunter fließend sein. Grundsätzlich gilt jedoch: Eine Unwahrheit, durch die nicht dezidiert die Wahrnehmungsfähigkeit des Gegenübers infrage gestellt wird, ist eine Lüge (und somit natürlich nicht in Ordnung), aber noch kein Gaslighting. Erst, wenn Ihr Gegenüber im Zuge dessen auch zum Ausdruck bringt, mit Ihrer Wahrnehmung stimme etwas nicht, spricht man vom Gaslighting. Im nachfolgenden Kapitel finden Sie einige Beispiele, aus denen der Unterschied klar hervorgeht.

Typische Gaslighting-Situationen

Im folgenden Kapitel werden einige Situationen dargestellt, in denen sich beispielhaftes Gaslighting-Verhalten erkennen lässt. Natürlich kann Gaslighting in mit diversen Motiven in unzähligen Konstellationen auftreten, doch um gewisse lebensnahe Anhaltspunkte zu liefern, seien hier einige gängige Muster aufgezeigt. Alle dargestellten Konstellationen sind fiktiv, beruhen jedoch auf wahren Begebenheiten.

IN PARTNERSCHAFTEN

Häufig tritt Gaslighting im Rahmen der Frage um Treue und Untreue auf. Dabei kann sowohl die eifersüchtige als auch die untreue Person zum Gaslighter werden. So wird beispielsweise häufig beim Vertuschen von Affären dem Gaslightee eingeredet, es bilde sich die Anzeichen, die auf Untreue hinweisen könnten, nur ein.

Markus und Lina sind seit mehr als 10 Jahren ein Paar und seit 3 Jahren verheiratet. Markus arbeitet als Architekt, Lina ist Schauspielerin und durch Gastspiel-Engagements oft für längere Zeit verreist. Einmal entdeckt sie, nachdem sie gerade von einer Reise zurückgekehrt ist, ein langes schwarzes Haar auf dem Sofa. Lina selbst hat blonde Haare und auch in ihrem gemeinsamen Freundeskreis befindet sich niemand mit solchen Haaren. Allerdings weiß sie, dass in Markus in seinem Architekturbüro eine Kollegin mit langen schwarzen Haaren hat. Trotz anfänglicher Hemmungen – schließlich will sie nicht kontrollierend wirken – spricht sie Markus vorsichtig darauf an. Der reagiert gereizt. "Ich habe dir doch gesagt, dass meine Kollegin vorgestern hier war, weil wir an unserem gemeinsamen Projekt weiterarbeiten mussten!" Lina ist überrascht – sie kann sich nicht entsinnen, dass Markus davon gesprochen hätte, obwohl sie gestern noch mit ihm telefoniert hatte. Nicht einmal die Information, dass die beiden zusammen an einem Projekt arbeiten, kommt ihr bekannt vor. Verunsichert merkt sie beides an, woraufhin Markus zunehmend gereizt erwidert: "Natürlich wusstest du davon! Ich habe es dir doch mehrmals erzählt. Aber wenn du auf Tour bist, hast du ja nichts anderes im Sinn als deinen Theaterkram. Kein Wunder, dass du immer alles vergisst." Daraufhin verlässt er wütend den Raum. Linas Verunsicherung wächst. Hat sie es wirklich vergessen? Oder überhört? Verhält sie sich egoistisch, ohne es zu merken? Nimmt sie sich und ihre Arbeit zu wichtig und verliert darüber den Blick für ihre Mitmenschen? Fühlt Markus sich von ihr zurückgesetzt? Schuldgefühle keimen in ihr auf...

Offensichtlich hat Lina Markus ertappt. Um sein Gesicht zu wahren, streitet er den Damenbesuch nicht etwa ab – was in Anbetracht des herumliegenden Haares eine kaum glaubwürdige Lüge wäre –, sondern gibt vor, Lina von dem Besuch erzählt zu haben. Doch damit nicht genug: Um sie zusätzlich zu verunsichern und ihr das Gefühl zu geben, in Wirklichkeit habe *sie* einen Fehler begangen und stehe nun in Markus'

Schuld, greift er sie auf der persönlichen Ebene an, indem er ihr unterstellt, sich für ihn weniger zu interessieren als für sich selbst und die Beziehung wegen ihrer Kunst zu vernachlässigen.

Aber auch der umgekehrte Fall existiert: Beispielsweise wird ein eifersüchtiger Gaslighter dem Gaslightee bei jeder Gelegenheit Untreue unterstellen, Indizien dafür an den Haaren herbeiziehen und dem Gaslightee selbst in alltäglichen Situationen vermitteln, es verhalte sich pietätlos.

Verena und Stefan kennen sich erst seit wenigen Monaten und sind sehr glücklich verliebt ineinander. Es ist Silvester und das Paar ist bei Freunden von Verena eingeladen, den Jahreswechsel gebührend zu zelebrieren. In ausgelassener Feierlaune treffen die beiden auf der Party ein und kommen dort sehr bald mit verschiedenen Leuten ins Gespräch. Zufällig trifft Stefan unter den Gästen auch auf eine ehemalige Kommilitonin und beginnt ein längeres Gespräch mit ihr – schließlich hat man sich seit den schwerelosen Jahren des Studiums nicht mehr gesehen und nun einiges auszutauschen.

Auf dem Nachhauseweg ist Verena schweigsam. Stefan bemerkt allmählich, dass sie sich anders verhält als sonst, kann sich aber keinen Reim darauf machen –

schließlich hatten sie doch einen schönen Abend? Nach einigen Minuten bricht Stefan das Schweigen und fragt Verena vorsichtig, ob alles in Ordnung sei. "Natürlich" gibt sie eisig zurück. "Ich will dich nur nicht belästigen – schließlich hast du den Abend ja sichtlich genossen. Da kommt dir meine Anwesenheit ja sicherlich eher ungelegen ..." Stefan versteht die Welt nicht mehr. Hat er etwas falsch gemacht? Was hat Verena nur? Hat es sie etwa gestört, dass er sich mit der alten Freundin unterhalten hat? Stefan versucht, ihre Hand zu nehmen, doch sie zieht sie weg. "Ach, zwing dich doch zu nichts. Es ist ja offensichtlich, dass du viel lieber diese andere mit nach Hause genommen hättest! Ich soll jetzt wohl der billige Ersatz sein?" – Stefan traut seinen Ohren nicht. Verena ist tatsächlich eifersüchtig! Denkt sie wirklich, er würde ihr die alte Freundin vorziehen? Nur weil er sich länger mit ihr unterhalten hat?

Er kramt in seinem Gedächtnis ... gab es möglicherweise Situationen, in denen der Eindruck entstehen hätte können? Ist er auf einen Flirt eingestiegen, ohne es zu merken? "Es tut mir leid, Verena, aber du verstehst das alles ganz falsch!", sagt Stefan. "Ich kenne Laura vom Studium, wir hatten damals denselben Freundeskreis und waren oft zusammen unterwegs. Mehr war da aber nie! Nach dem Studium haben wir uns aus den Augen verloren und sind uns jetzt eben zum ersten Mal seitdem wieder begegnet. Natürlich hatten wir uns viel zu erzählen, aber das bedeutet doch nichts!" – "Ach, es bedeutet also nichts", gibt Verena zurück. "Und dass du sie mit deinen Blicken förmlich ausgezogen hast, vor allen Gästen, bedeutet das auch nichts? Und dass du vor ihr so getan hast, als würden wir uns gar nicht kennen?" Stefan schüttelt irritiert den Kopf – was meint Verena nur? Er hat sich doch einfach nur mit Laura unterhalten. Und Verena schien sich die ganze Zeit prächtig zu amüsieren im Kreise ihrer Freundinnen – er wäre nie auf den Gedanken gekommen, sie könne sich langweilen oder vernachlässigt fühlen.

Er will sich verteidigen, aber weiß nicht recht, was er sagen soll ... ohne es zu wollen oder auch nur zu bemerken, scheint er Verena ernsthaft verletzt zu haben. Dabei hat er sich doch nur mit einer alten Freundin unterhalten! Seine Gedanken beginnen zu rasen. Hat er sich womöglich doch unangemessen verhalten? "Aber Verena", bringt er hervor. "Das stimmt doch überhaupt nicht! Wir haben doch nur geredet! Ich hatte dabei überhaupt keine Hintergedanken – und Laura bestimmt auch nicht!" Er hatte versucht, sie zu besänftigen, doch seine Worte verfehlten ihre Wirkung. Sie wurde nur noch gereizter. "Das habe doch nicht nur ich bemerkt, was da *zwischen euch läuft! Meine Freundinnen konnten es kaum glauben, dass du so etwas vor meinen Augen abziehst. Tut mir leid, Stefan, aber das war völlig offensichtlich. Ich hoffe, dass ich so etwas nie mehr erleben muss, sonst ist es mit uns schneller vorbei, als du Lauras Namen aussprechen kannst."*

In diesem Falle vermittelt Verena aus ihrer Eifersucht heraus ihrem Partner, er habe sich unangemessen verhalten. Wäre sich Stefan sicher, dass es an seinem Verhalten nichts Verwerfliches gegeben hatte, wäre eine Entwicklung in Richtung Gaslighting ausgeschlossen.

Da er sich Verenas Vorwürfe jedoch zu Herzen nimmt und sein Verhalten infrage stellt, tritt dieser Mechanismus in Kraft. Er durchleuchtet das Geschehen im Nachhinein auf mögliche Fehler, die er begangen haben könnte, entwickelt Schuldgefühle und nimmt sich vor, bei Gesprächen mit anderen Frauen künftig vorsichtiger zu sein. Mit großer Wahrscheinlichkeit wird er bei nächster Gelegenheit weniger unbefangen sein, als er es an besagtem Abend war. Ob Verena sich damit allerdings zufriedengeben wird, ist fraglich. Womöglich wird sie ihm so lange vermitteln, er begehe Verrat an ihrer Beziehung, bis er sich schließlich gänzlich von allen Kontakten zurückzieht.

Selbstverständlich gibt es in Paarbeziehungen noch unzählige weitere Zusammenhänge, mit denen Gaslighting auftreten kann. Im Internet finden sich mehrere Erfahrungsberichte von Betroffenen sowie Foren, in denen sich ehemalige Gaslightees austauschen und gegenseitige Unterstützung bieten können, z. B. https://gaslighting.org/, https://beziehung.gofeminin.de/forum/gaslighting-manipulation-fd1036060

BEI DER ARBEIT

Auch im Arbeitsalltag treten immer wieder Situationen auf, bei denen einer Person vermittelt wird, ihre Wahrnehmung sei fehlerhaft. Hierarchische Machtstrukturen begünstigen diesen Prozess zusätzlich, genauso wie die Verunsicherung, die durch Abhängigkeit von der Arbeitsstelle auftreten kann. Im folgenden Beispiel wird die Geschichte einer jungen Journalistin, der in der Arbeit sexistisch motiviertes Gaslighting widerfährt, geschildert.

Theresa ist eine engagierte junge Frau, die seit Kurzem in der Redaktion einer angesehenen Zeitschrift als Journalistin arbeitet. Es ist ihr Traumberuf; sie hat sich diese Stelle hart erkämpft und geht dementsprechend aufopferungsvoll an ihre Arbeit heran. Dass sie in ihrer Abteilung die einzige Frau ist und alle anderen Kollegen auch noch mindestens zehn Jahre älter als sie und bereits jahrelang in diesem Betrieb tätig sind, hielt sie zu Beginn für kein Problem. Doch schon sehr bald zeigt sich, dass diese Diskrepanz zu gewissen Spannungen führt: Vom ersten Arbeitstag an hat Theresa das Gefühl, ihre Bemühungen werden nicht ausreichend wertgeschätzt und sie fühlt sich unwohl in diesem männlich dominierten Umfeld. Ihre begeisterte Grundeinstellung wird ihr zum Verhängnis. Zwischen die allgemein missbilligenden Gesten der Kollegen mischen sich hie und da noch herabwürdigende Bemerkungen und sogar vereinzelt sexistische Äußerungen.

Trotz ihrer hervorragenden Qualifikation werden ihr immer nur die am wenigsten anspruchsvollen Aufträge zugewiesen und sie muss Aufgaben erfüllen, für die sie nicht im Geringsten zuständig wäre – sogar zum Kaffeezubereiten wird sie genötigt, obwohl sie selbst gar keinen trinkt. Da Theresa zunehmend verunsichert ist, schraubt sie ihren Elan noch weiter hoch und geht ihrer Arbeit noch engagierter nach, was jedoch am Arbeitsklima nichts ändert. Dies zu erkennen, führt dazu, dass sich die Fallhöhe von Theresas Erwartungen auf den

Boden der Tatsachen nur vergrößert. Entgegen ihrer Absichten rutscht sie also immer weiter abwärts in diesem Machtgefälle. Spricht sie ihre Kollegen darauf an, dass sie sich nicht wertgeschätzt fühlt, so bekommt sie als Antwort bloß „Nun stell dich doch nicht so an!" oder „Ist eben hart, dieser Job!", als hätte das Verhalten ihrer Kollegen nichts mit ihrem Gefühl zu tun. Auch der Abteilungsleiter begegnet ihren Schilderungen mit Unverständnis und Beschönigungen, sodass sie mehr und mehr das Gefühl bekommt, ihre Wahrnehmung könnte verzerrt sein.

Was Theresa hier widerfährt, ist eine weitverbreitete Form des Gaslightings. Ihre Kollegen und Vorgesetzten nutzen deren beruflich sicherere Position aus, um ihr ein Gefühl der Minderwertigkeit zu geben. Da sie nicht nur jünger als ihre Kollegen ist, sondern auch die einzige Frau in ihrem Betrieb, mischt sich zusätzlich noch Sexismus in die allgemeine Respektlosigkeit, mit der sie behandelt wird. Wenn sie das Problem offen anspricht, wird ihre Kritik zurückgewiesen und ihr wird unterstellt, überempfindlich zu reagieren und den hohen Anforderungen ihrer Arbeit nicht gewachsen zu sein.

Gaslighting als gesellschaftliches Phänomen

GASLIGHTING IN DER ERZIEHUNG

Emotionale Gewalt in der Erziehung kann sich in vielen Facetten äußern. Da Kinder auf ihre Eltern existenziell unbedingt angewiesen sind und die Fähigkeit, eine eigene Meinung zu bilden, erst erlernen müssen, liegt es in der Natur der Sache, dass sie besonders gefährdet sind, Manipulationen bis hin zum Gaslighting zum Opfer zu fallen. Natürlich geschieht das in den meisten Fällen nicht aus böser Absicht der Eltern oder Pädagogen, was die Auswirkungen auf die Psyche des Kindes leider nicht weniger gravierend ausfallen lässt.

Es beginnt bereits im Kleinen, wenn Eltern oder Pädagogen aus Unsicherheit oder Scham zu Notlügen greifen, mit denen sie Geschehenes überspielen wollen – ein Beispiel: Eine alleinerziehende Mutter verspricht ihrem Kind, am Wochenende mit ihm in den Zoo zu gehen. Kurzfristig wird ihr von ihrem Arbeitgeber jedoch ein gut bezahlter Auftrag angeboten, der in ihrer aktuellen finanziellen Notlage einen wahren Segen bedeuten würde. Natürlich hat sie Skrupel – das Kind freut sich schon so sehr auf den Zoobesuch und spricht seit Tagen von nichts anderem, sie will ihm diese Freude nicht verderben. Andererseits kann sie diesen Auftrag in ihrer Lage kaum ablehnen, zumal sie befürchtet, nach einer Absage auch bei künftigen Auftragsangeboten übergangen zu werden.

Von Gewissensbissen geplagt, nimmt sie den Auftrag an, erzählt aber ihrem Kind nichts von der Planänderung, in der grundlosen Hoffnung, das Kind möge vielleicht nicht bemerken, dass das Wochenende ohne Zoobesuch verstreicht. Doch als das Wochenende anbricht, springt das Kind schon früh morgens aufgeregt in der Wohnung auf und ab und fragt im Minutentakt, wann sie denn endlich aufbrechen. Die Mutter fühlt sich in die Enge getrieben. Wie soll sie das ihrem Kind jetzt erklären? Statt dem Kind die unliebsame Wahrheit zu sagen, versucht sie also, das Versprechen zu leugnen und sagt: "Ich habe gesagt, *vielleicht* gehen wir in den Zoo", was natürlich mit lautstarkem Protest quittiert wird. Sie fährt fort: "So, wie du dich aufführst, kann ich mit dir eh nirgends hingehen. Sonst behalten sie dich gleich im Affenhaus." Somit hat die Mutter sich geschickt aus der Affäre gezogen. Doch gleichzeitig hat sie ihr Kind nicht nur angelogen, sondern ihm auch vermittelt, es habe sich etwas falsch gemerkt und sei darüber hinaus auch noch mit seinem Verhalten schuld daran, dass der heiß ersehnte Ausflug nicht stattfinden kann. In vielen Familien treten derartige Situationen vereinzelt auf. Gewiss gilt es, derartige Situationen nach Möglichkeit zu vermeiden und stattdessen eine offene Kommunikation anzustreben, doch wird ein einmaliges Auftreten dieses Phänomens noch keine nachhaltigen Einschnitte in der kindlichen Seele hinterlassen.

Doch leider treten auch wesentlich schwerwiegendere Fälle auf, in denen Kinder von ihren Eltern oder Pädagogen die ganze Kindheit lang geradezu systematisch manipuliert werden. Insbesondere in Fällen physischer Gewalt und sexuellen Missbrauchs spielen oft extreme Fälle von Gaslighting eine entscheidende Rolle. So wird dem betroffenen Kind häufig eingeredet, es habe gar keine Schläge, Übergriffe, Vergewaltigungen etc. erfahren, sondern bilde sich das nur ein; oder schlimmer noch: Dem Kind wird unterstellt, es denke sich diese Geschichten aus, um seine "armen" Eltern zu quälen.

Dadurch entsteht eine tiefe Kluft zwischen dem, was das Kind selbst wahrnimmt, und dem, was ihm wahrzunehmen vorgeschrieben wird. Nicht nur durch das noch unvollständig ausgebildete Urteilsvermögen, sondern auch durch die emotionale und existenzielle Abhängigkeit des Kindes von der Bezugsperson wird es in eine zwiespältige Position gedrängt. Um die notwendige vertrauensvolle Bindung erhalten zu können, beginnen die betroffenen Kinder, die Schuld bei sich zu suchen. Sie entwickeln das Gefühl, bei ihnen stimme etwas nicht und sie seien "schlechte" Kinder, unter deren Tyrannei die bemitleidenswerten (unfehlbaren) Erwachsenen zu leiden haben. Besonders schlimm wird es, wenn die Eltern beginnen, die Freunde des Kindes in das Geflecht der Manipulationen einzubinden, beispielsweise, indem sie ihnen oder ihren Eltern erzählen, wie schwierig das Kind sei, dass es stehle, lüge o. Ä. und dass man sich vor ihm in Acht nehmen müsse. Nachfolgend werden einige Sätze aufgelistet, die in Gaslighting-Beziehungen zwischen Eltern und Kindern häufig auftreten. Wenn Ihnen einige davon aus Ihrer eigenen Vergangenheit bekannt vorkommen, ist es gut möglich, dass auch Sie in der Kindheit davon betroffen waren.

- „Willst du etwa sagen, deine Mutter/dein Vater lügt?"
- „Das habe ich nie gesagt."
- „Das habe ich nie getan."
- „Du lügst doch wie gedruckt."
- „Erzähl doch keinen Unsinn."
- „Das kann gar nicht sein."
- „Mir selbst tut das viel mehr weh als dir." (Strafen, Schläge etc.)
- „Das hast du dir selbst zuzuschreiben."
- „Stell dich nicht so an."
- „Du machst schon wieder aus einer Mücke einen Elefanten."
- „Immer, wenn es mal schön ist, musst du alles kaputt machen."
- „Du hast keinen Humor."
- „Mit dir stimmt doch was nicht."

> • „Du gehörst doch in die Irrenanstalt.“
> • „Du weißt gar nicht, wie gut du es hast.“
> • „Die anderen werden schon auch noch bemerken, was für ein furchtbares Kind du in Wirklichkeit bist.“

Bei Eltern, die ihre Kinder derartig behandeln, liegt häufig eine narzisstische Persönlichkeitsstörung vor, die nicht immer als solche erkannt wurde. Sehr häufig spielen sich diese schädlichen Erlebnisse auch im Verborgenen ab, ohne dass Außenstehende wie z. B. Freunde, Lehrer oder Nachbarn überhaupt etwas davon mitbekommen. Sollte ein von Gaslighting betroffenes Kind doch einmal Verhaltensweisen zeigen, die vermuten lassen, dass etwas nicht stimmt, wird das von den Eltern häufig in großem Bogen weggelächelt und als ganz normale kindliche Laune heruntergespielt.

Ob aus deplatzierter Höflichkeit, Desinteresse oder tatsächlicher Unwissenheit des Umfelds – viel zu selten wird nach derartigen Situationen etwas unternommen, um zumindest herauszufinden, ob nicht doch emotionaler Missbrauch im häuslichen Umfeld vorliegen könnte. Und gleichzeitig funktionieren die Mechanismen des Gaslightings so subtil, dass es für Außenstehende oft schwer einschätzbar ist, ob und inwiefern

eine Misshandlung des Kindes vorliegt. Doch die Auswirkungen auf die Seele des Kindes sind in jedem Falle
gravierend und meistens irreversibel oder nur durch
jahrelange Therapie und schmerzhafte Aufarbeitungs-
prozesse in den Griff zu kriegen. Das von Kindesbeinen
an verankerte Gefühl, fehlerhaft, in der Wahrnehmung
gestört und generell schuldig zu sein, nistet sich ein
und beeinflusst nachhaltig das Selbstbewusstsein und
das Bindungsverhalten der betroffenen Person. Häufig
gehen Personen, die in der Kindheit von Gaslighting
betroffen waren, auch als Erwachsene Beziehungen
ein, in denen sich das zerstörerische Muster wieder-
holt. Sie haben gelernt, dass Beziehung Manipulation
bedeutet.

GASLIGHTING UND NARZISSMUS

Häufig wird Gaslighting auch im Umgang mit Narziss-
ten erlebt. Dabei sind diese sich häufig nicht einmal im
Klaren darüber, wie schädlich ihr Verhalten für die
Seele ihres Gegenübers sein kann.

Da für sie ihr eigenes Befinden über allem steht,
fehlt es ihnen häufig an Empathie und sie neigen dazu,
ihre Mitmenschen wie eine spiegelnde Fläche, auf der
sie sich selbst erfahren können, wahrzunehmen. Dabei

sollen ihnen ihre Mitmenschen vor allem dienlich sein, um ihre Bedürfnisse zu befriedigen oder als Mittel zum Zweck, damit sie ihre Ziele erreichen. Da Narzissten jedoch häufig ein sehr selbstbewusstes und charmantes Auftreten an den Tag legen können, das sie nicht auf den ersten Blick als Narzissten erkennbar macht, fällt es ihnen zunächst auch leicht, ihre Mitmenschen für sich zu gewinnen. Deshalb trifft man sie auch nicht selten in beruflich hochgestellten Positionen oder politischen Ämtern an. Allerdings ist das Selbstbewusstsein von Narzissten fragil und sie brauchen das Gefühl, Kontrolle ausüben zu können. Personen mit einer narzisstischen Persönlichkeitsstörung ist dafür jedes Mittel recht, solange es nur dazu führt, dass sie das erreichen, was sie wollen. Wenn sie merken, dass sie nicht "genügend" Macht über ihr Gegenüber haben, versuchen sie häufig, es zu verunsichern und sein Selbstwertgefühl zu schwächen. So können sie sich selbst als den "Stärkeren" wahrnehmen.

Fehler zuzugeben, fällt Menschen mit narzisstischer Persönlichkeitsstruktur meist schwer, weshalb sie Begebenheiten oft im Nachhinein so darstellen, als seien für alle Missgeschicke oder Ungerechtigkeiten grundsätzlich nur die anderen verantwortlich. Häufig stellen sie sich dabei sogar als Opfer dar und ziehen dadurch zusätzlich Mitleid auf sich. Nicht nur anderen, sondern auch sich selbst können sie ihre verzerrte Version der Realität so überzeugend einreden, dass sie schließlich selbst daran glauben. Insbesondere dann, wenn Gaslighter selbst überzeugt von ihren verdrehten Tatsachen sind, besteht die Gefahr, dass sich die Manipulation immer fortsetzt und die Beteiligten immer weiter in ihre Positionen gedrängt werden.

GASLIGHTING UND SEXISMUS

Spätestens, seit im Oktober 2017 die MeToo-Debatte hohe Wellen schlug, rückte das Thema Sexismus verstärkt in den Fokus der öffentlichen Wahrnehmung und im Zuge dessen auch die damit verbundenen Kommunikationsschemata.

Bei genauerer Betrachtung lässt sich schnell feststellen, dass sich viele der Prinzipien, die dem Gaslighting zu eigen sind, auch in sexistischen Strukturen wiederfinden. So machen beispielsweise unzählige Frauen, die einen sexuellen Übergriff erleben mussten, die Erfahrung, dass im Anschluss eine Täter-Opfer-Umkehr (*victim-blaming*) stattfindet. Betroffene Frauen berichten immer wieder, dass Polizeibeamte, Familienangehörige oder Freunde ihren Schilderungen keinen Glauben schenken und die Schuld auf die Betroffenen zurückschieben. Als ob dies die Tat rechtfertigen könnte, werden die betroffenen Frauen beispielsweise gefragt, wie sie zum Tatzeitpunkt gekleidet waren, wo und zu welcher Uhrzeit sie sich aufgehalten hatten, ob sie allein waren, ob sie Alkohol getrunken hatten etc. So wird ihnen indirekt oder direkt unterstellt, sie hätten durch ihr Erscheinungsbild oder ihr Verhalten den Täter zu einem Übergriff provoziert. Der Täter wird also entschuldigt und dem Opfer wird die Verantwortung für das Geschehene aufgebürdet – das ist insofern doppelt perfide, als das Opfer nicht nur mit den gravierenden Folgen des sexuellen Missbrauchs zu leben hat, sondern zusätzlich noch mit Schuldgefühlen fertig werden muss. "Was hätte ich anders machen sollen, um das nicht erleben zu müssen?", ist eine Frage, die sich Betroffene häufig stellen – und damit ist der erste Schritt des Gaslightings bereits geschehen: Dem Opfer wurde das Gefühl vermittelt, es sei selbst schuld daran, dass ihm etwas angetan wurde.

"Nun hab dich noch nicht so!" "Das sind doch nur harmlose Nettigkeiten." "Sei doch nicht so verklemmt!" – mit solcherlei Aussagen werden Mädchen und Frauen, die sich gegen unerwünschte Annäherungsversuche zur Wehr setzen wollen, regelmäßig konfrontiert. Ob im Kreise der Familie, in der Arbeit oder in der Öffentlichkeit, fast jeder Frau widerfährt eine derartige Situation – und somit Gaslighting – mindestens einmal im Leben. Bei diesen Beispielen wird der Betroffenen suggeriert, dass das, woran sie sich stört, völlig legitim sei und dass sie ein Problem wahrnehme, wo keines sei – mit der logischen Schlussfolgerung, das Problem liege in ihrer Wahrnehmung.

Es ist eine unumstößliche Tatsache, dass jeder Mensch seine Grenzen, psychische wie physische, selbst festlegen dürfen sollte und dass diese von allen Mitmenschen unbedingt akzeptiert werden müssen. Doch, indem diese Tatsache ignoriert und ausgehebelt wird, verlieren Betroffene allmählich diese Sicherheit (oder sie wachsen von vorneherein ohne ein Bewusstsein dafür auf). Auch sexueller Missbrauch an Kindern und häusliche Gewalt ziehen häufig ein Gaslighting, das auf den oben genannten Aussagen basiert, mit sich oder gar die Leugnung des Geschehenen: "Das ist so nie passiert."

GASLIGHTING UND RASSISMUS

Auch struktureller Rassismus ist ein Thema, das in den letzten Jahren endlich zum Gegenstand der öffentlichen Diskussion wurde – die Ermordung des Afroamerikaners George Floyd am 25. Mai 2020 trug dazu noch einmal maßgeblich bei.

Doch so sehr sich auf der einen Seite die Stimmen erheben, die das Erkennen und Abschaffen der rassistischen Strukturen fordern, melden sich auch die Gegenstimmen zu Wort, die diese Strukturen nicht nur versuchen zu rechtfertigen, sondern gar ihre Existenz leugnen. "Dahinter steckt bestimmt kein Rassismus, das war doch nur Zufall/Pech", ist eine häufige Reaktion, wenn Ungerechtigkeiten kritisiert werden, hinter denen eine rassistische Haltung vermutet wird. Den Betroffenen wird das Gefühl vermittelt, sie nehmen die Dinge falsch wahr, bilden sich Zusammenhänge ein und das Problem läge in Wahrheit bei ihnen. Auch durch Aussagen wie "Ich sehe keine Hautfarben", "Rassismus gibt es doch gar nicht mehr" o. Ä. wird dieses strukturelle Problem geleugnet und die Erfahrungen der unzähligen Betroffenen werden für nichtig erklärt.

Raus aus der Manipulationsfalle – Wie schütze ich mich und andere vor Gaslighting?

WIE KANN ICH MICH SCHÜTZEN?

Manipulatives Verhalten und Gaslighting kann jeden treffen. Dem zum Opfer zu fallen, ist kein Anzeichen von Schwäche oder gar Dummheit! Es gibt einiges, was Sie tun und beachten können, um zu verhindern, dass Sie selbst zur Zielscheibe eines Gaslighting-Angriffs werden. Wenn

Sie auf diese Muster und bereits ihre subtilsten Anzeichen sensibilisiert sind, werden Sie selbst die hinterhältigsten Versuche, Sie zu manipulieren, als solche erkennen und sie wirkungslos an Ihnen abprallen lassen. Eine Grundvoraussetzung hierfür ist natürlich, dass Sie sich die Gefahr, die vom Gaslighting ausgeht, bewusst machen und gut über die Funktionsweisen, Anzeichen und Folgen informiert sind. So können Sie genau differenzieren, wann bedenkliche Muster auftreten und vor diesem Hintergrund sofort weitere Maßnahmen ergreifen.

Allem voran: Lassen Sie dabei Ihr Herz Ihren Kompass sein! Hören Sie auf Ihre Gefühle – denn diese geben Ihnen die zuverlässigste Auskunft darüber, wie es Ihnen geht. Doch selbst Leute, die keine Erfahrungen damit gesammelt haben, wie es sich anfühlt, wenn die eigenen Empfindungen infrage gestellt werden, könnten sich anfangs schwertun damit, kompromiss- und bedingungslos in sich hineinzuhören auf der Suche nach einer Antwort auf die Frage: Wie geht es mir eigentlich? Schließlich setzt der gesellschaftliche Standard voraus, dass wir im Laufe unseres Lebens lernen, uns nicht übermäßig von unseren Gefühlen beeinflussen zu lassen und unsere Fähigkeit zum rationalen Denken über jegliche Empfindsamkeit zu stellen. Doch hilft uns das wirklich, einen gesunden und glücklichen Umgang mit uns selbst und unseren Mitmenschen zu entwickeln? Richten wir nicht häufig unser Handeln nach der Vernunft und tun oder lassen etwas, nur weil wir denken, das müsste so sein? Treffen wir nicht häufig Entscheidungen nach reiflicher Überlegung, aber ignorieren dabei die Stimme unseres Bauchgefühls?

Dabei erkennen wir in allen Lebenslagen intuitiv, ob wir uns wohlfühlen oder nicht. Die Gründe für unser jeweiliges Gefühl mögen uns teilweise noch so schleierhaft sein, trotzdem ist das Gefühl unbestreitbar vorhanden und hat uns etwas mitzuteilen. Ob wir uns nun spontan zu jemandem hingezogen fühlen oder in uns plötzlich das alarmierende Gefühl aufkommt, etwas stimme nicht: Es lohnt sich, das zu berücksichtigen. So kann Ihre innere Stimme Sie bereits frühzeitig warnen, wenn Sie eine Bindung zu jemandem eingehen, der sich im Nachhinein als schädlich für Sie entpuppen wird. Je stärker das Selbstvertrauen einer Person ausgeprägt ist, umso weniger Chancen haben Gaslighter, mit ihrem perfiden Spiel etwas zu bewirken.

IN 5 SCHRITTEN AUS DER MANIPULATIONSFALLE

Nun, da bereits etliche Beispiele aufgezählt und deren Anzeichen sowie Folgen erläutert wurden, stellt sich die Frage: Was ist zu tun, wenn man selbst den Verdacht hegt, Opfer von Gaslighting zu sein oder dass jemand aus dem eigenen Umfeld betroffen sein könnte? Welche Schritte sind notwendig, um die zunehmenden Selbstzweifel auszusortieren und wieder Boden unter den Füßen zu gewinnen oder anderen Personen aus ihrer Situation herauszuhelfen? Hier finden Sie eine detaillierte Anleitung mit konkreten Hilfestellungen. Im nächsten Kapitel wird genauer darauf eingegangen, wie Sie anderen Betroffenen auf ihrem Weg aus einer Gaslighting-Beziehung beistehen können.

1. Verschaffen Sie sich Klarheit

Egal, ob am Arbeitsplatz, in der Beziehung oder in familiären Strukturen – seien Sie auf der Hut, wenn Ihnen zunehmend das Bild vermittelt wird, mit Ihrer Wahrnehmung stimme etwas nicht. Bevor Sie sich zu sehr verunsichern lassen, schaffen Sie sich lieber ein klares Bild Ihrer Situation. Das mag in Anbetracht der Lage paradox klingen, ist aber dennoch zu einem gewissen Grad möglich. Nämlich, indem Sie genau das tun, wovon Sie der potenzielle Gaslighter wahrscheinlich abhalten will: Ihrem Bauchgefühl zu trauen. Wenn Sie sich in Ihrer derzeitigen Situation nicht wohlfühlen oder der Meinung sind, es stimmt etwas nicht, so nehmen Sie dies ernst und gehen der Sache auf den Grund.

Schalten Sie hierzu für einen Moment die Unterscheidung zwischen Wahr und Falsch aus und formulieren Sie für sich selbst möglichst genau, was Sie an der gegenwärtigen Situation verunsichert, wie Sie sich fühlen, welche Ängste Sie haben etc. Stellen Sie dabei (sofern dies möglich ist) idealerweise auch Vergleiche zu früheren Zeiten, als Sie diese Person noch nicht kannten, her. Ignorieren Sie dabei aufkeimende Gedanken wie „Aber das bilde ich mir ja nur ein" – es geht hier vorrangig darum, wie Sie sich fühlen und wie Sie die Dinge wahrnehmen. Trauen Sie sich also ruhig, eine ehrliche Bestandsaufnahme zu machen.

2. Führen Sie ein Tagebuch

Es empfiehlt sich, die eben genannten Gedankenvorgänge auch zu Papier zu bringen. Denn haben Sie alles schwarz auf weiß, wird es Ihnen leichter fallen, Ihre Gedanken zu ordnen. Machen Sie es sich am besten zur Gewohnheit, jeden Tag Ihre Gefühlslage möglichst

genau zu dokumentieren. Besonders hilfreich beim Erkennen der Gaslighting-Strukturen ist es auch, direkt
nach sämtlichen Konversationen mit dem Gaslighter
Papier und Stift zur Hand zu nehmen, um das Gesagte
möglichst wortgetreu festzuhalten oder grundsätzlich
nur noch schriftlich mit der Person zu kommunizieren,
z. B. per E-Mail oder SMS (was natürlich mit Arbeitskollegen oder Vorgesetzten eher realisierbar ist als mit
engen Freunden oder Angehörigen des eigenen Haus-
stands). So haben Sie immer die Möglichkeit, auf den
Inhalt weiter zurückliegender Gespräche zuzugreifen,
ohne dass dieser durch die Erinnerung verzerrt werden
könnte.

Außerdem können Sie etwaige Behauptungen des
Gegenübers faktisch widerlegen, indem Sie diese mit
Ihren eigenen Notizen abgleichen. Ein weiterer Vorteil
dieser Verschriftlichung ist, dass Sie später, wenn Sie
sich im Gespräch mit Außenstehenden befinden, ein
handfestes Beweisstück für die vorliegenden Kompli-
kationen in der Hand haben, was insbesondere dann
von besonderem Interesse sein kann, wenn höhere Instanzen mit hinzugezogen werden müssen, beispielsweise das Jugendamt im Rahmen einer Trennung oder
der Betriebsrat bei Gaslighting am Arbeitsplatz.

3. Suchen Sie Austausch mit anderen Personen

Wie bereits erläutert, gleicht das Vertrauensverhältnis zwischen Gaslighter und Gaslightee einem Nährboden, auf dem die Manipulationen gedeihen können. Wirklich ungestört kann dieser Prozess aber nur vonstattengehen, wenn die Einflüsse von außerhalb dieser Beziehung möglichst gering bleiben. Jede objektive Meinung von Außenstehenden kann also das Konstrukt des Gaslighters ins Wanken bringen, weshalb dieser versuchen wird, das Umfeld möglichst früh in irgendeiner Form zu diskreditieren. Dies kann auf vielfältige Weise geschehen: Zum Beispiel, indem er eigene Ansichten auf das Umfeld überträgt („Wir sind uns alle einig, dass du übertreibst") oder indem er dem Gaslightee einbläut, die anderen würden nur aus Mitleid so tun, als sei alles in Ordnung.

Schafft es der Gaslighter rechtzeitig, die äußeren Einflüsse ausreichend abzuschwächen, können die Früchte seiner Intrigen völlig ungehemmt gedeihen. Um genau dies zu verhindern, sollten Sie in jedem Fall den Austausch mit anderen Personen suchen. So können Sie frühzeitig für sich selbst *reality checks* vornehmen, um abwägen zu können, ob die Aussagen des Gaslighters gerechtfertigt sind.

Ziehen Sie zuallererst Freunde zurate, mit denen Sie ein stabiles Vertrauensverhältnis verbindet, die aber trotzdem möglichst wenig in die Beziehung zwischen Ihnen und dem Gaslighter involviert sind. So können Sie sich versichern, dass die Person einen weitgehend objektiven Blick auf die Situation hat. Verwenden Sie außerdem Ihre Notizen – auch diese helfen Ihnen, objektiv und konsequent zu bleiben.

Neben dem Austausch mit Außenstehenden kann auch der Kontakt zu ebenfalls betroffenen Personen hilfreich sein. Vor allem bei Gaslighting-Verdacht am Arbeitsplatz oder in der Familie ist es sinnvoll, mit anderen Involvierten offen über etwaige Manipulationsversuche zu reden. Einerseits stellt sich dadurch womöglich heraus, dass manche bereits einen Weg gefunden haben, damit umzugehen; andererseits werden sich einzelne Personen durch Ihre Initiative ihrer Situation vielleicht überhaupt erst bewusst!

Es kann allerdings auch passieren, dass Sie weder durch das Gespräch mit Außenstehenden noch mit involvierten Personen zu Erkenntnissen gelangen, die für Sie schlüssig sind. Oder dass selbst nach dem Austausch mit all diesen Instanzen noch das Gefühl bestehen bleibt, dass mit Ihnen und Ihrer Wahrnehmung etwas nicht stimmt. Ist dies der Fall, so sollten Sie an diesem Punkt unbedingt professionelle Hilfe zurate ziehen. Ein erster Schritt kann der Griff zum Telefon sein: Über das Hilfetelefon für Frauen (08000 116 016) beispielsweise erhalten Sie rund um die Uhr Beratung und Auskunft. Handelt es sich um Gaslighting an Ihrem Arbeitsplatz, so nehmen Sie Kontakt zum Betriebsrat auf. Unter der Überschrift "Wo finde ich professionelle Hilfe" am Ende des Ratgebers finden Sie weitere Anlaufstellen, bei denen Sie akute Hilfe oder langfristige psychologische Unterstützung erhalten können.

Unter Umständen sollten Sie auch den Gaslighter selbst zur Rede stellen. Dies ist allerdings nur dann ratsam, wenn Sie sich stark genug fühlen, sich dieser beanspruchenden Situation auszusetzen. Außerdem ist die Konfrontation mit dem Gaslighter nur in wenigen Fällen überhaupt sinnvoll. Haben Sie es beispielsweise mit einer Person mit narzisstischer Persönlichkeitsstörung zu tun, so ist von einem Gespräch abzuraten, da es Sie höchstwahrscheinlich nur noch mehr zermürben würde und keinerlei Verbesserung davon zu erwarten wäre.

Sollten Sie dennoch zu dem Schluss kommen, dass ein klärendes Gespräch mit dem Gaslighter in Ihrem Fall angebracht sein könnte und Sie sich dazu imstande fühlen, so bereiten Sie sich gut darauf vor. Denn es ist sehr wahrscheinlich, dass Ihr Gegenüber im Zuge des Gesprächs noch mehr als sonst versuchen wird, Sie zu verunsichern. Und auch, wenn die Person Ihnen nahesteht: Lassen Sie sich von etwaigen Querschüssen nicht aus der Ruhe bringen. Sie sind sich ausreichend im Klaren darüber, was Sie am Verhalten des anderen stört und Sie haben sich darüber hinaus mit Außenstehenden ausgetauscht, weshalb es Ihr gutes Recht ist, Ihre Forderungen zu kommunizieren.

Seien Sie sich dessen bewusst, dass ein Gespräch mit dem Gaslighter nur dann zielführend ist, wenn dieser auch bereit ist, Ihnen zuzuhören und Sie ernst zu nehmen. Wenn Sie im Verlauf des Gesprächs merken, dass Sie nichts als Widerstand ernten und nicht auf Sie eingegangen wird, so brechen Sie das Gespräch ab. Es wäre zwecklos, hier weiterzumachen, da eine Verbesserung nur bei ausreichender Bereitschaft zur Einsicht und Kooperation möglich ist.

Im glücklichen Fall, dass Sie zur betreffenden Person durchdringen und diese bereit ist, ihr Verhalten zu ändern, können Sie gemeinsam an einem Ausweg aus der Situation arbeiten. Idealerweise ziehen Sie hierfür auf beiden Seiten professionelle Hilfe zurate; denn unter Umständen ist es auch im Sinne des Gaslighters, dass derartige Zerwürfnisse in Zukunft nicht mehr vorkommen.

Leider ist ein klärendes Gespräch jedoch in den meisten Fällen entweder von vornherein ausgeschlossen oder es erzielt nicht die gewünschte Verbesserung der Situation – wenn es die Lage nicht gar noch verschlimmert. Daher ist es meist notwendig, weitere Schritte zu vollziehen.

4. Brechen Sie den Kontakt ab

Je tiefer man bereits in den Gaslighting-Strudel gezogen wurde, desto schwieriger wird es, sich wieder an die Oberfläche zu kämpfen. Haben Sie die Schritte bis hierhin erfolgreich durchgeführt, so brechen Sie den Gaslighter-Kontakt möglichst mit sofortiger Wirkung ab – oder reduzieren Sie diesen zumindest so weit, dass Sie einen gewissen Abstand zu der Situation gewinnen können.

Handelt es sich bei der betreffenden Person lediglich um eine entfernte Freundin oder einen Arbeitskollegen, so fällt es natürlich leichter, sich komplett zu distanzieren, als bei einem Familienmitglied oder dem Partner. Aber auch, wenn die betreffende Person Ihnen nahesteht, so vergegenwärtigen Sie sich für einen Moment, was hier vorgeht: Die Manipulation schafft eine emotionale Abhängigkeit, die das Verhältnis zueinander in ein enormes Ungleichgewicht versetzt. Der Mensch ist grundsätzlich sehr anpassungsfähig, weshalb es sehr wahrscheinlich ist, dass Sie sich mit der Zeit an die vielen Einschränkungen und Schikanen gewöhnt haben und diese gar nicht mehr als solche wahrnehmen. Subjektiv betrachtet mindert dieser Mechanismus zwar die verursachten Schäden; dem Ernst der Lage tut dies allerdings keinen Abbruch. Stellen Sie sich deshalb die Frage: Wollen Sie wirklich in einer Beziehung leben, die permanent Selbstzweifel in Ihnen aufkeimen lässt und Sie nachhaltig psychisch belastet?

Haben Sie die Befürchtung, Ihr Partner könnte Ihnen gegenüber handgreiflich werden, Sie gegen Ihren Willen zwingen, bei ihm zu bleiben, oder anderweitig übergriffig zu werden, so konsultieren Sie unbedingt das Hilfetelefon (08000 116 016) oder eine ähnliche Hotline. Dort erhalten Sie auch Informationen zum Opferschutz sowie Kontakt zu Unterstützungseinrichtungen in Ihrer Nähe. Psychische Gewalt ist in keiner Weise weniger verheerend als körperliche und darüber hinaus gleichermaßen strafbar. Zögern Sie also nicht, sich Hilfe zu holen.

5. Lassen Sie Ihren inneren Gaslighter verstummen

Gaslighting hinterlässt unweigerlich Spuren bei den betroffenen Personen. Viele der möglichen Folgeschäden wurden bereits genannt; abgesehen von einem allgemein geschwächten Selbstwertgefühl haben sich die Vorwürfe und Unterstellungen vonseiten des Gaslighters oft bereits so stark eingebrannt, dass der Gaslightee selbst nach dem Auflösen dieses zermürbenden Verhältnisses noch mit wiederkehrenden Gedanken- und Gefühlsmustern, die sich durch das Gaslighting etablierten, zu kämpfen hat.

So wie die Art und Weise, wie unsere Eltern im Kindesalter mit uns umgehen, verinnerlicht wird und sich im ganzen Leben als innere Stimme wieder zu Wort meldet, verinnerlicht die Psyche unterbewusst auch die Stimme des Gaslighters. Mit dem Gaslighting einhergehende Gefühle der Unsicherheit, Wertlosigkeit oder Entfremdung können sich deshalb noch lange nach Abbruch des toxischen Kontaktes halten – das Gift wirkt weiter. Um dem entgegenzuwirken, empfiehlt es sich, langfristige psychologische Hilfe in Anspruch zu nehmen.

Es kann sein, dass Sie sich direkt nach der Loslösung aus der Gaslighting-Beziehung (der Trennung, dem Kontaktabbruch etc.) schlagartig besser und freier fühlen. Dies ist nur allzu logisch; immerhin haben Sie eine beträchtliche Zeit lang unter dem Diktat des schädlichen Einflusses gelebt und können nun endlich wieder selbstbestimmt denken und handeln.

Doch seien Sie sich dessen bewusst, dass dieser anfängliche euphorische Zustand nicht als Beweis für eine restlos überwundene Episode zu verstehen ist. Jeder Lernprozess braucht Zeit und selten verläuft ein Heilungsprozess linear – es ist ganz normal, wenn Sie sich nach einem anfänglichen Höhenflug wieder zurückgeworfen fühlen und den Eindruck haben, sie kämen nicht mehr weiter.

WIE KANN ICH BETROFFENEN HELFEN?

Ob in der Arbeit, im Freundeskreis oder in Bezug auf sexistische oder rassistische Strukturen – falls Sie in Ihrer Umgebung Gaslighting wahrnehmen oder es auch nur vermuten, bleiben Sie nicht untätig! Gaslighting ist alles andere als harmlos und kann nachhaltige psychische Konsequenzen nach sich ziehen. Häufig entwickeln von Gaslighting betroffene Personen Depressionen oder Angststörungen. Wenn Sie also auch nur den Verdacht haben, jemand aus Ihrem Umfeld könnte davon betroffen sein: Halten Sie die Augen offen und versuchen Sie möglichst, der betroffenen Person beizustehen. Natürlich sollte insbesondere bei schweren Fällen professionelle Hilfe hinzugezogen werden, doch kann es Betroffenen den Weg aus der Gaslighting-Beziehung bedeutend erleichtern, wenn sie Beistand und Unterstützung von ihrem Umfeld erfahren.

Insbesondere, wenn der Gaslighting-Prozess schon recht weit fortgeschritten ist und der Gaslightee schon große Teile seines Selbstbewusstseins und das Vertrauen in seine Eigenwahrnehmung verloren hat, ist es von unschätzbarer Wichtigkeit, ihm zu signalisieren, dass Sie ihm zur Seite stehen, dass Sie ihm glauben und dass er Ihnen bedenkenlos vertrauen kann. Mit diesen konkreten Schritten können Sie einem Gaslightee helfen:

1. Beobachten Sie die Situation!
Sobald Sie auch nur den Verdacht verspüren, jemand aus Ihrem Umfeld könnte von Gaslighting betroffen sein, behalten Sie die Situation diskret im Blick. Gaslighting funktioniert oft mit subtilen Mitteln, die auf den ersten Blick nicht erkennbar sind. Wenn Sie

allerdings den Verdacht hegen, in Ihrem beruflichen oder privaten Umfeld könnte dieses Problem vorliegen, versuchen Sie, mehr Klarheit darüber zu erlangen. Eine einmalige Situation ist dabei noch nicht unbedingt ausschlaggebend, doch wenn sich die Indizien häufen, sollten in jedem Falle Ihre Alarmglocken schrillen! Bestätigt sich Ihr Verdacht, so handeln Sie unmittelbar, um der betroffenen Person zu helfen!

2. Sprechen Sie die betroffene Person an!

Das mag nicht immer leichtfallen – vor allem, wenn Sie mit der Person kein enges Vertrauensverhältnis haben. Doch wer weiß, was für einen großen Dienst Sie ihr damit erweisen werden!

Häufig ist Gaslightees selbst nicht bewusst, in was für ein perfides Spiel sie verwickelt sind – sollte gelegentlich eine dahin gehende Vermutung in ihnen aufkeimen, trauen sie dieser Vermutung meist selbst nicht über den Weg. Da kann es hilfreich sein, von einem Außenstehenden bestärkt zu werden. Doch ist hierbei Vorsicht geboten – natürlich handelt es sich um ein höchst sensibles Thema! Nicht nur, da beim Gaslightee schnell der Eindruck entstehen kann, man wolle ihn bevormunden oder ihm Schwäche unterstellen, sondern auch, weil Gaslightees häufig unsicher sind, wem sie noch vertrauen können und wem nicht – insbesondere, wenn sie von ihrem Peiniger vermittelt bekamen, das ganzes Umfeld habe bereits erkannt, wie verrückt die Person sei. Bedenken Sie dabei also stets die Gefühlslage des Gaslightees und behandeln Sie ihn so, wie Sie selbst in einer vergleichbaren Situation gern behandelt werden würden.

3. Hören Sie zu. Seien Sie da.

Sobald der Gaslightee Vertrauen zu Ihnen gefasst hat, werden Sie vermutlich eine wichtige Rolle für ihn spielen. Nicht zuletzt, da eine Gaslighting-Beziehung – so toxisch sie auch sein mag – auf einer starken Bindung und gegenseitigen Abhängigkeit beruht. Erkennt der Gaslightee diese Muster und beginnt, sich daraus zu lösen, geht ihm damit auch eine Menge vermeintlicher Stabilität und Sicherheit verloren. Sehr wahrscheinlich wird er diese dann erst einmal bei Ihnen suchen.

Natürlich können und sollten Sie diese nur bis zu einem gewissen Grad gewähren, auch in sehr engen Freundschaften. Daher ist es umso wichtiger, auch die professionelle Hilfe einer psychologischen Beratungsstelle oder eines Psychotherapeuten in Anspruch zu nehmen. Trotzdem können Sie mit Ihren offenen Ohren einen wichtigen Beitrag dazu leisten, dass der

Gaslightee wieder Boden unter den Füßen spürt.

4. Wahren Sie Ihre eigenen Grenzen!

Dass Sie für den Gaslightee da sind, soll allerdings auf keinen Fall bedeuten, dass Sie widerspruchslos alles hinnehmen müssen. Sie sollten ihm unvoreingenommen zuhören, müssen ihm aber keinesfalls nach dem Mund reden, wenn Sie etwas anders wahrnehmen als er.

Ein von unterschiedlichen Standpunkten geführter Dialog ist ein wichtiges Zeichen von gegenseitigem Respekt und es wird den Gaslightee sogar in seinem Prozess bestärken, wenn er erlebt, dass man durchaus geteilter Meinung sein kann, ohne darüber einen Machtkampf zu beginnen. Genauso wenig sollten Sie sich vereinnahmen lassen und ihm über Ihre eigenen Kräfte hinaus zu jeder Tages- und Nachtzeit zur uneingeschränkten Verfügung stehen! Sie können ihn begleiten, aber tragen sollten Sie ihn nicht.

5. Legen Sie dem Gaslightee professionelle Hilfe ans Herz!

Vor allem nach einer langwierigen Gaslighting-Beziehung, die gravierende Schäden hinterlassen hat, ist es unbedingt notwendig, eine psychologische Beratungsstelle oder eine Therapie zurate zu ziehen. Oft sind die

Hemmungen, diesen Schritt zu gehen, groß, doch Sie können der betroffenen Person den Einstieg erleichtern, indem Sie z. B. anbieten, bei der Suche nach einem Therapeuten behilflich zu sein oder sich regelmäßig erkundigen, wie sie bei der Suche vorankommt. Signalisieren Sie, dass es kein Zeichen von Schwäche ist, sich Hilfe zu suchen, und zeigen Sie Interesse an der Entwicklung der Dinge!

WO FINDE ICH PROFESSIONELLE HILFE?

Findet das Gaslighting im Arbeitsumfeld statt, kann ein erster Schritt sein, sich an Vorgesetzte zu wenden, natürlich unter der Voraussetzung, dass diese nicht selbst daran beteiligt sind. In manchen Betrieben und Universitäten gibt es auch die Möglichkeit, sich an Frauen- oder Gleichstellungsbeauftragte zu wenden. Häufig können diese auch Adressen vermitteln, an die man sich wegen einer weiteren therapeutischen Behandlung wenden kann.

Natürlich besteht auch die Möglichkeit, sich auf eigene Faust nach einem geeigneten Therapeuten umzusehen. Das Internet bietet sogar Suchmaschinen an, bei denen man per Einstellung verschiedener Filter gezielt nach jemandem suchen kann, der den eigenen Bedürfnissen entspricht (z. B. www.therapie.de, Kassenärztliche Bundesvereinigung). Alternativ können Sie sich auch an psychologische Beratungsstellen wie z. B. ProFamilia wenden. Diese werden auch von einigen kirchlichen Trägern (z. B. Diakonie) angeboten.

Für akute Hilfe können Sie sich auch an eine Telefonseelsorge wenden. Diese sind meist durchgängig erreichbar und kostenlos.

Telefonseelsorge der
evangelischen Kirche: 0800 / 111 0 111
und katholischen Kirche: 0800 / 111 0 222

Selbstverständlich können Sie die Hilfe beider Nummern unabhängig von Ihrer Religion oder Konfession in Anspruch nehmen.

Nähere Informationen: www.telefonseelsorge.de

Das Spiel mit den Schatten

Obwohl der Begriff Gaslighting sowie das öffentliche Bewusstsein für diesen Mechanismus noch nicht einmal hundert Jahre alt sind, ist die Sache an sich wohl so alt wie die Menschheit selbst. Auch die Forschung zu diesem Feld steckt noch weitgehend in den Kinderschuhen, doch mit dem wachsenden öffentlichen Bewusstsein mehren sich auch die Versuche von Psychologen und Journalisten, diesem Thema und seinen Funktionsweisen auf die Schliche zu kommen.

Durch diesen Ratgeber erhielten Sie einen ersten Überblick über alle die Mechanismen, die dem Gaslighting innewohnen sowie deren Auswirkungen; aber auch Hilfestellungen, die Ihnen auf dem Weg aus der Gaslighting-Falle helfen können. Sich aus dieser komplizierten Lage zu befreien, erfordert viel Kraft und kann sehr schmerzhaft sein; doch ist diese Krise überstanden, werden Sie sich besser fühlen und mit einem völlig neuen Selbstbewusstsein Ihr weiteres Leben beschreiten.

Abschließend möchte ich Ihnen noch einige weiterführende Literaturtipps mit auf den Weg geben:

- Julia Naue: *Wenn andere unsere Wahrnehmung manipulieren.*
- Sandra Berthaler: *Psycho-Terror in Beziehungen: Manipulation bis in den Wahnsinn: So missbrauchen „Gaslighter" ihre Opfer.*
- *Gaslighting ist subtiler psychischer Missbrauch – Oft sind es nahestehende Personen, die durch diese Art Manipulation ihre Opfer quälen. Ein Erfahrungsbericht.*
- Henrike Möller: *Gaslighting: Wenn die Wahrnehmung fremdgesteuert wird.*
- Kira Cossa: *Töchter narzisstischer Mütter: Gaslighting.*
- *Strategie „Gaslighting": Wie bewusste Manipulation der Realität Menschen krank macht.*

- Bärbel Wardetzki: *Gaslighting: Die vollkommene Ver-unsicherung – „Ich dachte, ich werde verrückt".*

- Verena Maria Dittrich: *Gaslighting: Die perfide Lust an der Manipulation*

- Jan Drees: *Über emotionalen Missbrauch,*

- Gaslighting – Subtiler psychischer Missbrauch | Kleinerdrei

- Jan Drees: *Gaslighting: Ich habe Angst vor meiner Ex - über das Feature*

- The Chicks: "Gaslighter"

Herstellung und Verlag:

BoD – Books on Demand, Norderstedt

ISBN: 9783753426419

1. Auflage

Kontakt: Psiana eCom UG/ Berumer Str. 44/ 26844 Jemgum

Covergestaltung: Fenna Larsson

Coverfoto: depositphotos.com